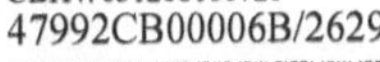

أقمار بخاصرة المجاز

التهامي ناجي الجوادي

أقمار بخاصرة المجاز

شعر

إصدارات دائرة الثقافة، حكومة الشارقة 2024 م

الناشر: دائرة الثقافة ـ حكومة الشارقة ـ الإمارات العربية المتحدة

الهاتف: 5123333 6 971+

البرَّاق: 5123303 6 971+

الموقع الإليكتروني: www.sdc.gov.ae

البريد الإليكتروني: sdc@sdc.gov.ae

811.9611

ج ت. أ

الجوادي، التهامي ناجي

أقمار بخاصرة المجاز / التهامي ناجي الجوادي .ـ الشارقة، الإمارات العربية المتحدة : دائرة الثقافة، 2024.

96 ص؛ 21X14 سم.

1 ـ الشعر العربي ـ تونس ـ دواوين وقصائد

أ ـ العنوان

ISBN: 9789948724322

الإهداء

إلى التي ألهمتني كلّ قصائدي..

إلى القيروان..

مدينة لا تلد إلّا الشعراء والمجانين.

التصدير

«ليرتفـع منك المعنى لا الصوت، فـإنّ ما يجعل الزهر ينبت ويتفتّح هو المطر لا الرعد».

جلال الدين الرومي

نوتاتٌ على سلّم الحنين

قلبي الرّبـابـة فاعـزفي يـا نـارُ
هـذي شراييـني هـي الأوتــارُ

كم نوتة كتمتُ مواجع دمعتي
حزنـي جـوابٌ والبكـاء قـرارُ

وشوشتُ للنايات أشكو غربتي
فتنهّـدتْ وبكـى معـي القيثـارُ

والعودُ رقّ لصرختي وصبابتي
حتـى تنـاثـر دمـعُـه المـدرارُ

لا شيءَ يُشبهني سواكِ كمنجتي
ألحـاننـا شطّـتْ بهـا الأسـفارُ

عـذراً أقـول كمنجتي أعذارنـا

مقبولة.. بعض الهوى أعـذارُ

للحزن إيقـاعٌ يُراقص وحدتي

فاضتْ بأضواء المحبّ جرارُ

وترنّـمتْ كـلّ القصائد نشوةً

وتراقصتْ بين الدجى أقمارُ

وحدي الغريب أُلملمُ الأحلامَ في

كيسِ الحياة وزاديَ الأقـدارُ

وحدي أُرمّـمُ ما تبقّى من حني

ـني كلّما ضجّتْ بيَ الأشعارُ

«درويش» يعرف سرّ هذا الحزن في

لغتي ويعرفـه الكبيـر «نـزارُ»

لغة هي الأحـزان تملأ دفتري

لـغـة هـي الأضـداد والأفـكـارُ

للتّيه أمـواج تُحاصر مركبي

في وحدتي وحدي أنـا البَحّارُ

أحصيتُ خيباتي بلا عددٍ وذي

رايـاتُ حلمي هزّها الإعصارُ

وحدائقي يبستْ وجفّ نشيدها

وقصـائـدي بعد الغياب قفارُ

كم غيمة أحتـاجُ تـروي يُتمنا

يـا غيمتي هـل جفّت الأنـهارُ؟

وتكلّسـتْ كل المشـاعر فجـأة

والـمـفـرداتُ كـأنّـها أحجـارُ

يا شعرُ جئتكَ أحتفي بمواجعي

جرحي القصائدُ والرؤى أعمارُ

الأبواب

يا صاحبي لا تطرقِ الأبوابا

صرنا أمــام بيوتهم أغرابا

هلّا سمعتَ أنين باب متعبٍ

أرهفْ فؤادك واسمعِ الأعتابا

الباب ينزف وحشةً وصبابةً

ملّ الوقوفَ يعاتبُ الأحبابا

هذا الجدار يئنّ يبحثُ عن يدٍ

تنسيهِ بــردَ غيابهم وعذابا

تنسيه وحدتَهُ تكفكف حزنَه

ومن الشقوق تقلّع الأعشابا

هـذا الغيابُ قصيدةٌ تقتاتنا

قد صاغها العمرُ الحزين يبابا

ما زلتَ تبحث عن حنينٍ تائه

بين الوجوهِ فما وجدتَ جوابا

وجرارُ شوقِكِ بالدموع تعتّقت

اسكبْ حنينك وزّعِ الأكوابا

أيـن الذين تعلقت أرواحُـهم

بقلوبنا وتقاسموا الأنخابا؟

الآن وحـدك لا نديمَ لكأسكم

غامتْ عيونكَ بالبكاءِ سحابا

فذرفتَ دمعَ الذكريات قصيدة

وبنيتَ من طين المجاز قبابا

الشعر جنّتنا ودار خلودنا

يا شعر جئتك فافتحِ الأبوابا

سيرة الأضداد

أنا

جثّة

في معطفي

بهزائمي

كم تحتفي

تمضي

وتحملني

إلى وجعٍ قديمٍ مجحفِ

وقصائدي

هدأتْ

كأنّ رياحَها لم تعصفِ

وحناجرُ الفرح الجميل

كأنّها لم تهتفِ

لا شيء يشبهني

أنا الأضداد

تملأ مُصحفي

لا فرقَ بين

ضلالتي

وبراءتي وتعفّفي

لا فرق بين

غوايتي

وتزهّدي وتصوّفي

لغة

هي الأضداد تسكنني

وتسكن أحرفي

لا شيءَ يشبهني سوايَ

رضيتُ بي وسأكتفي...

أنا بالمودةِ مؤمنٌ

أنا في المحبّةِ كم وفي

وسراجُ قلبي

في الظلام

قصيدةٌ لا تنطفي.

سندباد فوق صهوة التّيه

ما زلتُ أبحثُ عن شتاتي

كي ألملَمَهُ

وأمضي عائداً من رحلة التّيه

وما زال الطريق يلوكني

سفراً بعيداً

في ثنايا الموت

ما زال الطريق حجرْ...

ما زلتُ أبحثُ

عن بقايا الرّوح

في هذا الجسد

«ما زلتُ أبحثُ لم أجدْ»

روحاً ترفرفُ في حدائق صدري

وتُرمّمُ الأحزان

تغزلُ من شراييني

نشيداً للرّبيع

ولم أجدْ

قلباً أسائله

لِمَ أنت يا زمني حجرْ؟

ما زلتُ أبحثُ في هشيمِ الصّمت

عن صوتي وعن شفتي

لأصرخَ ملءَ هذا البحر

أصرخ: أين أشرعتي وفلكي

كي أسافر... منشداً نغم الرحيل...

أمضي وقلبي ينفثُ الأوجاعَ

يسكبُ حزنَهُ من شرفةٍ سوداء

في يومٍ خريفيّ

خرافيّ الملامح...

لست أدري

هل سيزهر فجر غدْ؟

«ما زلتُ أبحثُ لم أجدْ»

كفّاً تمدّ إليّ أجنحةَ الرّحيل

تمدّ أغنيةً وحلماً

أو تمدّ قصائدَ الترحالِ في شجني

أيا وطني

لماذا كلّما كففتُ حُزني بالعويل

تساقطتْ أمطارُ دمعي

من سماءِ العين تسقي خدّي...

تروي بساتين الشجون

بدمعة عذراء تروي قصتي؟

«ما زلتُ أبحثُ لم أجدْ»

ظفراً ليخدشَ وجهَ هذا اللّيل

يفتح شرفة الفجر البعيد

ويشرع الأبواب..

أنزعُ ما بصدري

من خطايا العشق

أدخل... أخلع النعلين

أتلو ما تيسّرَ من كتابِ الشّعر

أُعلن توبتي

وأتوبُ عن سفكِ الشّعور

وأتوبُ عن قولِ القصيد

أتوبُ عن عشقِ المدينة

والأزقّةِ والمآذن

حين ترفعُ رأسَها شوقاً

وتعلنُ توبتي

«ما زلتُ أبحثُ لم أجدْ»

قمراً يغازلُ وحدتي

ويفيضُ لحناً

في سماء الأمنيات

يسكبُ النورَ المعتّقَ بالنشيد

يعانق الأمل المعلّق

فوق أجنحة الغيوم...

يا أيّها الليل الذي ينسابُ

حبراً فوق خدّ قصيدتي

هل جفّتِ الأنوارُ من هذا القمر؟

«ما زلتُ أبحثُ لم أجدْ»

وتراً تداعبه أصابعُ غربتي

في الليلِ يعزف

صمتَ قلبٍ يندثرْ

واللحن تسكبه المآقي ينكسرْ

والنجم ينأى عن سمائي يبتعدْ

«ما زلتُ أبحثُ لم أجدْ»

بحراً تسافر فيه أشرعتي

إلى زمنِ الوقوف

ونحن في زمنِ السقوط

نصارعُ الخطوات

نبحثُ عن بقايا المجد

فوق دروبِ محنتِنا

ونبحثُ عن خطانا لا أثرْ...

يا أيها الوجعُ المسافر

في ضلوعي

هل ستبقى في سفرْ؟

يا أيّها الموتُ المفرّخ

في فمي

فرّخْ فقلبي يحتضرْ

يا أيّها الصّمتُ المعشّشُ في فمي

عشّشْ فصوتي في خطرْ

أنا سندباذُ فوق صهوةِ خيله

«ما زلتُ أبحثُ لم أجدْ»

روحاً ترفرفُ في حدائق صدري

كفّاً تمدّ إليّ أجنحة الرّحيل

ظفراً ليخدشَ وجةَ هذا الليل

قمراً يغازل وحدتي

وتراً تُداعبه أصابع غربتي

بحراً تسافر فيه أشرعتي

ما زلتُ أبحثُ في البلدْ

«ما زلتُ أبحثُ لم أجدْ»

قلبي كمان وشرياني وتر

هذي القصائد

كم شكّلتها تُحفاً

من طين ذاكرتي

فاستوطنت جسدا

نفختُ فيها

مجاز الضاد قافيةً

شكّلتُ من طينها

غمامة ومدى

ما الشعر

إلّا عصاً

أحتاجها زمناً

بها أهشّ

على غيم

همّي بَددا

يا للجراح بقلبي

ضاق موطنها

ما عدتُ أحسبها

إنْ رُمتها عددا

ما زلتُ وحدي

أربّي الحزن في رئتي

والحزن يسكنني

أطعمته الكبـدا

قلبي كمانٌ

وشرياني غدَا وتـراً

كمْ دنْدنَ الحزنُ

أشجانَ الهوى وشَدا

اعزفْ

فهذي شعـــاب الروح مشرعة

اعزفْ

وترجِمْ مواويلَ الغياب صدى.

مرثية طفل فلسطيني

خرجتْ تتعثّرُ في البلدِ   في الليل تصيح أيا ولدي

قدماها كم دميتْ مشياً   بحثاً عن طفل لم يعدِ

وجدته طريحاً في بركِ   من وردٍ أحمرَ كالكبدِ

صَرختْ ودعتْ ربّاه بكتْ   دمعاً قد سال على الخدِّ

ضمّته إليها باكيةً   يا قرةَ عيني يا جسدي

أرضعتك من صدري لبناً   قد فاض حناناً من نهدي

واليوم رحلتَ أيا أملي   مثواك بجنّات الخلدِ

قتلوك لأنّك يا ولدي   ما زلتَ كسيفٍ في الغمدِ

قتلوك لأنك يا ولدي   ستُكسّرُ أغلال القيدِ

سأزورُ ضريحَك يا ولدي   وسأشعلُ أعواد النّدّ

لتفوح بخوراً في الوطن   ويشمّها أطفال البلدِ

وصية الروح

كفْكفْ دموعك

بالورود سنفترقْ

واسكبْ نشيدك

في الفضاء وفي الأفقْ

واغسلْ جراحك بالقصيد فإنّه

يشفي قلوباً

في الهوى تشكو الأرقْ

وانثرْ سماءك

بالحروف وبالرّؤى

وازرعْ غناءك

في الغيوم وفي الغسقْ

حلّقْ

فصوْتُكَ في الحياة

كأنّه حبْرٌ

يشقّ طريقه

فوق الورقْ.

تحية

إلى بيت الشعر بالقيروان

نُحبُّ البيتَ والشِّعْرَا … نُحبُّ الحرفَ والحِبْرا

ودفء البيت يجمعنا … يسوقُ الحب والعطرا

وهـذا البيت مقصدنا … وتحفة تونس الخضرا

فكلّ الشكر سلطانٌ … جنيتَ الحبّ والخيرا

أعـدتَ لضادنا ألقاً … رسمتَ لحلمنا فجرا

وكـلّ الشـكر شـارقة … يُبلّغها لـكِ الشُّعرَا

بيـوت الشعر شامخة … تُعانق مجدها فخرا

مدينة العشاق

الـقـيـروان مـديـنـة الـعـشـاقِ
ومـديـنـة الأشـعـار والأشـواقِ

أسـوارهـا أبـوابـهـا عتباتها
تشتاقني تشتاقها أحـداقي

كل الأزقـة والـدروب عشقتها
وذرفـت فيها دمـعة المشتاقِ

ورسمت في كل العيون حكايتي
ومحوت خارطتي من الأوراقِ

ما زال عشق القيروان مصيبتي
أجري وراء العشق كالمنساقِ

أمنية

أنا

أحتاجُ أجنحةً

تحلّقُ

في سما الشعرِ

وأشرعةً

تسافر بي

إلى لُغة

سَبَتْ عمري

وأمنيةً

تحرّرني

من الأوجاع والقهرِ

وأغنيةً

تغازلني

بألحان من السِّحرِ

وأجوبةً لأسئلتي

ليهدأ

لحظة فكري

وأقنعةً تخبّئني

عن النّكران والغدرِ

وسنبلةً

تعلّمني

معاني الصمت والصبرِ

وسوْسنةً

تحدّثني

عن الألوان والعطرِ.

حنين

أحنّ إلى لياليها   وأعشق كلّ ما فيها

بلاد الوجد أعشقها   وأحيا من قوافيها

أحنّ إلى مرابعها   وقلبي الغيم يسقيها

كأنّي الطودُ أحرسها   من الهوجاء أحميها

عروس الدهر بل أحلى   بعمق الروح أخفيها

من الفينيق أخبركم   و«حنبعل» حاميها

تعالي يا معذبتي   وتيهي في دمي تيهاً

أتذكرُ كم عشقناها   أ عقبة أنت بانيها

وكـم بتنـا نغازلهـا   بخاطرنـا نناجيهـا

ونعشـقها بعمدتها   وسـحنون وحصريها

وجامعها وبركتها   مـآذنـها وأهـليـها

بتونـس إننـي كلـف   بحاضرهـا وماضيها

بـلاد الوجد أعشـقهـا   وأحيـا مـن قوافيهـا.

حلم

إلى ابني محمد براء

لا تخشَ السّير على الجمرِ	انحتْ أحلامك في الصخرِ
وسيزهرُ حلمكَ في الفجرِ	ارفعْ راياتك منتصـراً
فجّرْ كلمـاتك إعصـارا	حتّام ستخشى الأخطارا؟
أمـلاً وستصبح أشجارا	صـحراء العمر ستزرعها
أنهار ضيائك لم تنضبْ	شيّدْ أحلامك لا تتعبْ
وشموس حروفك لم تغربْ	غابات قصيدك خضـراءُ
ادفـنْ أوجاعك والسَّقَما	كفكفْ أحزانك مبتسمَا
تمحو من دفترك الألمَا	امـحُ الأحـزان بممحاةٍ

سيّد الأوزانِ

إلى براعم نادي الشعر والعروض
ببيت الشعر بالقيروان

وطني يا أحلى الأوطانِ   أفديـك بأغلى الأثمـانِ

أفـديـك لأنـك تسكنني   يا منْ أسكنتكَ وجداني

وطني لا تحزنْ يا وطني   سنكسّرُ قيد الأحـزانِ

وستشرقُ تونس أغنية   وستعزفُ أبهى الألحانِ

سنغنّي نرقصُ يا وطني   وطني يا أحلى الأوطانِ

أنا برعم نادي الأطفال   الشّعرُ سيصبح عنواني

وسأحملُ مشعلَ قافيتي   وأسـابقُ كـلَّ الفرسان

51

وسأمحو الأسودَ من وطني   وسيلبسُ أبهى الألوانِ

سأعطّرُ أغنيتي خَبَباً   خَبَبٌ أهـواهُ ويهواني

«فعلنٌ فعلنٌ فعلنٌ فعلنٌ»   خَبَبٌ يـا سيّد أوزانـي

هيَّا سنغنّي أغنية   وطني يا أحلى الأوطانِ

قيروان الشعر

قيروان الشعر عشقي   إنّها أرضُ القوافي

ألهمتنا الحرف سحراً   فهي بحري وضفافي

قيروان الشعر عمري   أنت نبض في وريدي

منك فاحت أغنياتي   منك شكّلتُ قصيدي

قيروان الشعر دامتْ   مقصداً للشعراءِ

أرضُ سُحنون تجلّتْ   وجهة للعلماءِ

قيروان الشعر إنّي   ذبّتُ عشقاً في هَواكِ

أنت عشقي وجنوني   ليس في القلب سواكِ

أشرعة الحبّ

في بحر عينيكِ

تاهتْ

كلّ أشرعتي

من دفء صوتك

يسري

لحنُ أغنيتي

هل تشعرين

بحبّي كلَّ ثانية؟

هل تسمعين

نداء الرّوح ملهمتي؟

أنت القصيدة

أنت النبض في جسدي

أنت المجاز

وأنت الرّمز

في لغتي

إنْ غاب طيفكِ

صار القلب مغترباً

والحزن قافلة

تسري بأوردتي

إنْ زرتني

في ثنايا الحلم يا أملي

أسرجتُ قافيتي

هيّأتُ أجنحتي

هيّأتُ كلّ الأغاني

مرفأ بفمي

هيّأتها

ووهبتُ الحبّ أشرعتي.

نسيج المشاعر

وشـاعر وهْـمٍ يقـول كلاماً
غريباً يفوقُ حـدود الخيالِ

ويـزعُمُ أنّـه فيْضُ الشّعور
تـدفّـقَ مـن منبع للجمالِ

وكـم يدّعـي أنّـه شعر نثْرٍ
وما الشّعر إلّا بحورُ النّضالِ

وللنّثر في الشعر مبنى ومعنى
وليس القصيد ظهور البغالِ

وليس لأنّ القصيدة حُبلى
بمعنى عميقٍ سَمَا للكَمَالِ

ولكنّه جاء شيئاً فريّاً
وجاء ابتذالاً بصنع المقالِ

نسيج المشاعر قزٌّ حريرٌ
نحوكُه بالفنّ والاشتغالِ

لماذا يلوكُ كلاماً غريباً
ولا ينظمُ الشعر شعر الجمالِ؟

تراه يهابُ ركوبَ البحور
ويهرب دوماً من الارتجالِ

وحلّـت قصيـدة نثـر نشـازٍ
وقامتْ مقامَ الخيال الـزّلالِ

ولسنـا نُحقّـر مـن شـعر نثر
فللنَثـرِ عمـقٌ عسـيرُ المنـالِ

وللنثـرِ أهـل ومَـنْ يدّعيهـم
بعمق القصيدة ليس يبالي

سيبقى القصيدُ العموديّ صرْحاً
وتمحو البحورُ خطوطَ الرّمالِ

عتبات

ذات حبّ

لملمتُ

بعض شتاتي

ونفضتُ النّسيان

عن ذكرياتي

قيروان يا فتنتي

هل تراني

أرتمي بين هذه العتباتِ؟

مظلم دربي

غارق

في ضياع
وكأنّي
أمضي بلا خطواتٍ
أمتطي
صهوةَ الشّجونِ وحيداً
مقفر صوتي
أدرد الكلماتِ
وجراحي
كم عشّشتْ
في الضّلوع
أين ألحاني

هل تراها

تلاشتْ كالشّظايا

في موجة العبَراتِ؟

قيروان يا فتنتي

هل تراني

أرتمي بين هذه العتبات؟

أحضن الأسوار القديمة

أبكي

«قيرواني»

هيّا انفخي

في رفاتي،

هكذا تكلّم الطفل

صباح الخوف

يا وطني

مساء الحزن

يا وطني

أنا الطفل

الذي يشكو

من الأقدار والزّمنِ

أنا الطفل

الذي يشقى

لتجري الريح بالسُّفنِ

أنا الطفل

الذي يحيا

مع الألغام والكفنِ

أنا أهديك ألعابي

فخُذْ لعبي

بلا ثمنِ

بروحي سوف أفديكَ

بنبض القلب والبدنِ

كسرتُ

بما رمتْ كفِّي

قيود الجوْرِ والمحنِ

بنيتُ

بما رَمَتْ كفِّي

صروحَ المجد ترفعني.

نداء

يناديكَ قلبي

حبيبي تكلّمْ

يناديكَ شوقاً

لعلّك ترحمْ

أتذكرُ

حبّاً تأجّج فينا؟

تأجّج في القلب

والعين تحلمْ

فأمسى الفؤاد

ربابةً شوق

يغنّي
نشيد الهوى يترنّمْ
أتذكرُ
كم كنتَ
تقسو عليّ
وتغضبُ حيناً
وتحنو وتندمْ؟
وتنأى بعيداً
تعذّبُ قلبي
وتهجرُ حبّي
وتنسى وتظلمْ؟

حبيبي

لأنت لروحي

دواء وبلسمْ

وأنت حروفي

وأنت نشيدي

وأنت الكتاب

وأنت المعلّمْ

تعلّمني كيف

أكتب شعراً

وكيف أناجيكَ

طيْفاً وأرسمْ...

بـوح

سأبوحُ بـالأسـرارِ   يـا نغمةَ القيثارِ

أنـت الـتي أحببتها   يـا حلّـة الأقـمارِ

أنـت التي صوّرتها   بـأنـامل السّحّارِ

سأبوحُ بالإعجابِ   للنّـاسِ والأصـحـاب

مُذْ أنْ رأيتُ جبينكِ   في الأفق مثل شهاب

دوّنـتُ حبكِ صُنْتهُ   بـالقـلـبِ والأهـداب

يا تونس الخضراء يا   يـا جـنّـة الأحـبـاب

أغنيـــة

أحبك

تونس الخضرا

رسمتك

في المدى قمرا

وذِكرُكِ

في فمي نغمٌ

وحبُّك

صار لي قدرا

سأعزف

لحنَ أغنيتي

فشرياني غدا وترا.

سفر

وحدي المسافر

في دروبِ الليل

تسبقني خطايْ

وحدي أسابق

ظلَّ أخيلتي

يُترجمني الطريقُ قصيدةً

لا تشبهُ أحداً سِوايْ

وحدي الغريب

أُرمّمُ القلبَ المضمّخَ بالحنين

أَلملمُ الكلماتِ

أبحثُ عن أنايْ.

قصيدة

خذوا كلّ شيء

لتحيوا حياةً سعيده

خذوا صوتنا

وابحثوا في الحناجرِ عنّا

ولكن ستبقى الحروف

وتزهر من كل حلقٍ قصيده.

ترياق

تأتي القصيدة

منْ دُجى أعماقي

ونزيفُها

حِبْرٌ على الأوراقِ

ما زلتُ أنسج

من حروفي غيمةً

حُبلى هَمتْ

وَدْقاً من الأشواقِ

مليون جُرْحٍ
في دمي كفْكفْتُهُ
هذي القصائد
أصبحَتْ ترياقي.

تيـه

فقدتُ

الطريق إليّ

سألتُ:

«إلى أين تمضي خُطايَ؟»

إلى التّيه تمضي..

أجاب صدايَ.

قطار

بين الجبال
وبين واحات النخيلْ
يأتي القطارُ
مدخّناً
سيجارة السفر الطويلْ.

ولادة

من كلّ أغنيةٍ سيولد طائرُ

من كلّ قنبلةٍ سيولد ثائرُ

من كلّ قافيةٍ سيولد شاعرُ.

فصول

يجرّ الخريفُ رداء الكآبه

يدير الشتاءُ كؤوس الرّتابه

ويأتي الربيعُ فتحلو الكتابه

وفي الصيفِ تذوي القلوب صبابه.

طيف وأرق

أرّقتني

ذي الليالي

فارفقي

مهْلاً بحالي

وارحمي قلبي

وعودي

مثل طيفٍ

في خيالي.

الفهرس

– الإهداء 5

– التصدير 7

– نوتاتٌ على سلّم الحنين 9

– الأبواب 13

– سيرة الأضداد 17

– سندباد فوق صهوة التّيه 21

– قلبي كمان وشرياني وتر 31

– مرثية طفل فلسطيني 35

– وصية الروح 37

– تحية 39

– مدينة العشاق 41

– أمنية 43

– حنين 47

– حلم 49

– سيّد الأوزانِ 51

– قيروان الشعر 53

– أشرعة الحبّ 55

– نسيج المشاعر 59

– عتبات 63

– هكذا تكلّم الطفل 67

– نداء 71

– بـــــوح 75

– أغنيـــــة 77

– سفر 79

– قصيدة 81

– ترياق 83

– تيـــــه 85

– قطار 87

– ولادة 89

– فصول 91

– طيف وأرق 93